Der Gehenkte von la Piroche

Eine sonderbare Geschichte von
Alexandre Dumas fils

Edition Dornbrunnen

Kleine Dornbrunnen Bibliothek

Übersetzung aus dem Französischen von Ch. Fr. Grieb
(Le pendu de la Piroche)

Korrekturen und Lektorat: Dirk Seliger PEGASAU

Die Deutsche Nationalbibliothek verzeichnet diese Publikation in der Deutschen Nationalbibliografie; detaillierte bibliografische Daten sind im Internet über
http://dnb.d-nb.de
abrufbar.

2021

ISBN 978-3-943275-57-5

Sven-R. Schulz, Dornbrunner Straße 16, 12437 Berlin
www.edition-dornbrunnen.de
Titelgestaltung: Sven-R. Schulz

Druck und Vertrieb: Book on Demand GmbH, Norderstedt
PNKDB9

Inhalt

Der Gehenkte von la Piroche

Kennst du la Piroche, verehrter Leser?

Nein? Ich auch nicht. Ich werde darum auch von meinem Wissen keinen Missbrauch machen, um dir eine Beschreibung zum Besten zu geben, und dies umso weniger, als, unter uns gesprochen, es um alle Beschreibungen ein gar langweiliges Ding ist. Beschreibungen dienen im Allgemeinen nicht zu vielem, höchstens dazu, dass sie vom Leser überschlagen werden, es müsste denn sein, dass, wie bei Cooper[1], von den jungfräulichen Wäldern Amerikas, oder, wie bei Chateaubriand[2], vom Mechacebé, das heißt, von Ländern die Rede ist, die nicht so leicht erreichbar sind und hinsichtlich derer die Fantasie, wenn sie von ihren Einzelheiten sich soll ein Bild machen können, von poetischen Reisenden unterstützt werden muss, die schon einmal dort gewesen. Hat auch die Literatur vor der Malerei, der Bildhauerkunst und der Mu-

[1] James Fenimore Cooper (1789 bis 1851) war ein amerikanischer Schriftsteller. Er gilt als der Begründer des historischen und seemännischen Romans in der amerikanischen Literatur und war auch in Europa äußerst populär.

[2] François-René, Vicomte de Chateaubriand (1768 bis 1848) war ein französischer Schriftsteller, Politiker und Diplomat.

sik den dreifachen Vorteil voraus, dass sie mit einem einzigen Epitheton[1] ein Gemälde, mit einer einzigen Phrase eine Bildsäule, mit einer Seite eine Melodie machen kann, so darf sie doch dieses Vorrecht nicht missbrauchen und muss den speziellen Künsten die Rechte ihrer Spezialität ein wenig lassen. Ich gestehe also, dass ich meinesteils vor der Hand, so oft ich ein Land zu beschreiben habe, das jedermann gesehen haben oder sehen kann, – sei es, dass es uns nahe liegt oder dass es von dem unsrigen nicht sehr verschieden ist, – dem Leser lieber die Freude lasse, sich daran zu erinnern, wenn er es schon gesehen, oder sich es vorzustellen, wenn er es noch nicht kennt. Es ist dem Leser in der Regel lieb, wenn man ihn an einem Werke, das er liest, auch mitarbeiten lässt. Es schmeichelt ihm das und lässt ihn glauben, dass er den Rest selbst schreiben könnte. Nun aber ist es etwas Gutes, seinem Leser zu schmeicheln. Und dann weiß auch alle Welt, was das Meer, eine Ebene, ein Wald, ein blauer Himmel, ein Sonnen-, ein Mond- und ein Sturmeffekt ist. Wozu bei allen diesen Dingen lange verweilen? Viel besser ist es, wie ein Rubens[2] oder ein Delacroix[3] – womit ich mich indessen mit diesen beiden Künstlern keineswegs verglichen haben will – eine

[1] Ein Beiwort oder Zusatz, den man dem Hauptwort einer Person oder Sache gibt, um sie näher zu bezeichnen.

[2] Peter Paul Rubens (1577 bis 1640) war ein flämischer Maler. Er gilt als einer der Hauptmeister der Barockmalerei und war aufgrund seiner Bekanntheit auch als Diplomat tätig.

[3] Auguste Delacroix (1809 bis 1868) war ein französischer Genre- sowie Landschafts- und Marinemaler.

Landschaft mit einem einzigen Pinselstrich zu zeichnen und die ganze Kunst seiner Palette für die Personen aufzubehalten, denen man Leben geben will. Schwärzt man auch ganze Seiten, um solche Dinge zu beschreiben, so wird man damit bei dem Leser doch nie einen Eindruck hervorzubringen vermögen, der dem gleichkommt, welchen der naivste, simpelste Pariser Spießbürger, der an einem schönen Apriltag im Wäldchen von Vincennes spazieren geht, oder welchen das unwissendste Mädchen empfindet, das im Monat Juni am Arm eines jungen Mannes und um elf Uhr abends durch die schattigen Baumgänge des Wäldchens von Romainville oder des Parks von Enghien hinschreitet.

Wir alle haben in unserem Verstand und in unserem Gemüt eine ganze Galerie von Landschaften, die aus unseren Erinnerungen bestehen und bei allen Weltgeschichten als Grund dienen können. Nur ein Wort braucht gesagt zu werden, das Wort Tag oder Nacht, Winter oder Frühling, Stille oder Sturm, Wald oder ebenes Feld, um im Geiste des Lesers auf der Stelle die vollständigste Landschaft hervorzuzaubern.

Somit brauche ich bloß zu sagen, dass es in dem Augenblick, wo diese Geschichte beginnt, zwölf Uhr mittags ist, dass man sich im Monat Mai befindet, dass die Landstraße, die wir zu betreten im Begriff sind, zur Rechten von Ginsterbüschen, zur Linken vom Meer begrenzt ist. Der Leser weiß dann alsbald, was ich ihm nicht zu sagen brauche, das heißt, dass der Ginster grün ist, dass das Meer rauscht, dass der Himmel blau, dass die Sonne warm und dass auf der Straße Staub ist.

Ich brauche nun nur noch hinzuzusetzen, dass diese Straße, welche sich an der bretagnischen Küste entfaltet, von la Poterie nach la Piroche geht; dass la Piroche ein Dorf ist, das ich nicht kenne, das aber wie alle Dörfer aussehen muss; dass wir uns im fünfzehnten Jahrhundert, im Jahr der Gnade 1418 befinden, sowie dass zwei Männer, wovon einer älter als der andere, wovon einer der Vater des andern ist, und die beide Bauern sind, diese Straße auf zwei armseligen Rossen entlang ziehen, – auf Rossen, die gleichwohl einen kurzen Trab gehen, der den Reitenden so unangenehm eben nicht dünkt.

»Werden wir wohl noch zur rechten Zeit ankommen?«, fragte der Sohn.

»Ja, da zwei Uhr die bestimmte Zeit und es nach dem Stand der Sonne erst ein Viertel nach zwölf Uhr ist«, antwortete der Vater.

»Ich möchte es eben gar zu gern sehen.«

»Ich glaube es wohl.«

»Er wird also in der Rüstung, die er gestohlen, gehenkt werden?«

»Ja.«

»Wie, um alles in der Welt, kann es einem auch nur einfallen, eine Rüstung zu stehlen?«

»Das Schwere bei der Sache ist nicht der Einfall.«

»Sondern wie man die Rüstung bekommt«, unterbrach der Sohn, der mit dem Vater die Ehre dieses Scherzes teilen wollte.

»Auch hat er sie nicht bekommen.«

»War die Rüstung schön?«

»Prachtvoll, mit Gold ganz überdeckt, heißt es.«

»Und man hat ihn, während er sie forttrug, ergriffen?«

»Ja. Du begreifst leicht, dass diese Rüstung sich nicht forttragen ließ, ohne einen grässlichen Lärm zu machen: Sie wollte ihren wahren Herrn nicht verlassen.«

»Und dann war sie auch von Eisen.«

»Man ist auf dem Schloss durch das Geräusch, das man hörte, aufgewacht!«

»Und hat den Mann festgenommen?«

»Nicht auf der Stelle, man hat zuerst Furcht gehabt.«

»Natürlich, damit fangen die Bestohlenen stets an, wenn sie sich den Dieben gegenüber sehen, denn sonst hätte es keinen Nutzen, das Diebshandwerk zu treiben.«

»Noch wäre mit dem Bestohlenwerden Aufregung verbunden. Aber es glaubten diese wackeren Leute nicht, es mit einem Dieb zu tun zu haben.«

»Mit wem denn?«

»Mit einem Gespenst. Dieser Elende, der sehr stark ist, trug die Rüstung vor sich her, und zwar hielt er den Kopf in der Höhe der Lenden der besagten Rüstung, sodass diese in dem Gang, in dem er sich fortbewegte, riesige Verhältnisse annahm. Denk dir ein eigentümlich heiseres Geräusch hinzu, das der Spitzbube hinter der Rüstung machte, so wirst du den Schrecken der Dienerschaft leicht begreifen. Zum Unglück für den Dieb hat man den Herrn von la Piroche geweckt, der sich weder vor Lebenden noch vor Toten fürchtet und ganz allein den Schelm festgenommen und denselben geknebelt seiner eigenen Justiz überliefert hat.«

»Und die Justiz des Herrn von la Piroche …?«

»Hat den Dieb zum Galgen verurteilt, mit dem Beisatz, dass er in der Rüstung gehenkt werden solle.«

»Warum dieser Beisatz in dem Urteilsspruch?«

»Weil der Herr von la Piroche nicht bloß ein unerschrockener Heerführer, sondern auch ein recht verständiger Mann ist, der diese gerechte Verurteilung zu einem heilsamen Exempel für die andern machen, für sich selbst aber Nutzen daraus ziehen will. Du wirst doch hoffentlich wissen, dass alles, was einen Gehenkten berührt hat, ein Talisman für den wird, der es besitzt? Der Herr von la Piroche hat also befohlen, den Verbrecher in seiner Rüstung zu hängen; ist dieser Mann tot, so nimmt man ihm die Rüstung wieder ab und besitzt so in unseren zukünftigen Kriegen einen Talisman.«

»Das ist fürwahr gar nicht dumm.«

»Ich will es meinen!«

»Machen wir also, dass wir hinkommen, denn ich muss diesen armen Menschen schlechterdings hängen sehen.«

»Es eilt nicht so sehr, wir haben noch genug Zeit! Ermüden wir unsere Tiere nicht; wir bleiben nicht zu la Piroche, müssen außerdem noch eine Stunde machen und nach la Poterie zurückkommen.«

»Ja, aber unsere Tiere werden fünf bis sechs Stunden lang ausruhen, da wir erst im Laufe des Abends zurückkommen werden.«

Also plaudernd, setzten Vater und Sohn ihren Weg fort, und eine halbe Stunde darauf langten sie zu la Piroche an.

Wie der Vater vorausgesagt, kamen sie noch zu rechter Zeit an. Werden die Väter denn immer und ewig recht haben?

Es hatte sich eine ungeheure Menge Volks auf dem dem Schloss gegenüberliegenden großen Platz versammelt; denn hier war das Schafott in der Form eines Galgens errichtet worden. Was Letzteren betrifft, so war er, meiner Treu, schön, sehr schön zu nennen. Er war aus dem allerbesten Eichenholz gemacht, und war er auch, da es sich bloß um einen gemeinen, obskuren Verbrecher handelte, nicht sehr hoch, so war er doch so hoch, dass der Tod zwischen dem Boden und dem Ende des Strickes sein Werk vollführen konnte.

Für jetzt bewegte sich dieser Strick im frischen Seewind nach Art eines am Schwanz aufgehängten Aals.

Der arme Sünder konnte im Augenblick seines Todes eine wunderschöne Aussicht genießen, da er mit nach dem Ozean hingewandtem Gesicht das Zeitliche segnen sollte. Umso besser, wenn diese Aussicht ihm ein Trost sein konnte; woran ich für meinen Teil allerdings zweifle.

Das Meer aber war blau, und von Zeit zu Zeit glitt, zwischen dem Azur des Himmels und dem des Meeres, am Horizont ein weißes Segel hin, nicht unähnlich einem Engel, der zu Gott aufschwebt, dessen langes Gewand aber die Welt, die er verlässt, noch berührt.

Die zwei Männer, mit denen wir zu Anfang dieser Erzählung Bekanntschaft gemacht, näherten sich dem Schafott so viel wie möglich, um von dem, was da geschehen sollte, nichts zu verlieren, und warteten wie alles übrige Volk. Nur hatten sie vor den Übrigen den Vorteil voraus, dass sie auf zwei Tieren saßen, sich minder ermüdeten und dabei doch besser sehen konnten.

Sie brauchten nicht allzu lange zu warten.

Um Viertel vor zwei Uhr ging das Schlosstor auf, und hervor trat der zum Tode Verurteilte. Voraus gingen die Leibwächter des Herrn von la Piroche, hinter dem zu Hängenden aber folgte der Henker.

Der Dieb war mit der gestohlenen Rüstung bekleidet und saß verkehrt auf einem Esel ohne Sattel. Das Visier war niedergelassen, während der arme Sünder den Kopf selbst gesenkt hielt. Man hatte ihm die Hände auf den Rücken gebunden, und will man schlechterdings wissen, was wir von ihm glauben, so müssen wir unbedingt sagen, dass er, nach seiner Haltung, wenn auch nicht nach seinem Gesicht zu urteilen, denn dieses sah man nicht, sich ziemlich unbehaglich fühlen und in diesem Augenblick die traurigsten Überlegungen anstellen musste.

Man brachte den Verurteilten an das Schafott hin, und jetzt fing ein Bild, das ihm nur wenig angenehm sein konnte, an, sich vor dem Azur abzuzeichnen.

Der Henker hatte seine Leiter an den Galgen angelehnt, und der Kaplan des Herrn von la Piroche verlas, aus einem zu diesem Zweck eigens hergerichteten Gerüst stehend, den Urteilsspruch.

Der Verurteilte rührte sich nicht. Man hätte glauben können, er habe den Zuschauern den Possen gespielt, dass er gestorben, noch bevor man ihn gehenkt.

Man schrie ihm zu, er solle von seinem Esel herabsteigen und sich dem Nachrichter[1] überliefern.

Wer sich aber immer noch nicht rührte, das war er, und wir unsererseits begreifen dieses Zögern vollkommen.

Jetzt erfasste der Henker ihn an den Ellbogen, hob ihn von seinem Esel herunter und stellte ihn kerzengerade auf dem Boden hin.

Ein Mordskerl, dieser Henker!

Wenn wir sagen, er habe ihn kerzengerade hingestellt, so lügen wir nicht. Lügen aber würden wir, wenn wir sagten, dass er so geblieben sei, wie man ihn hingestellt. Er hatte in der Zeit von zwei Minuten zwei Drittel des Alphabets durchquert, was in einfa-

[1] Alte und heute ungebräuchliche Bezeichnung für einen Scharfrichter.

cher Sprache Folgendes bedeutete: dass aus seinem kerzengeraden I ein zickzackiges Z geworden war.

Inzwischen hatte der Kaplan den Urteilsspruch vollständig verlesen.

»Habet Ihr noch eine Bitte?«, fragte er den armen Sünder.

»Ja«, antwortete dieser mit trauriger und bedeckter Stimme.

»Um was bittet Ihr?«

»Ich bitte um meine Begnadigung!«

Ich weiß nicht, ob um jene Zeit das Wort Lustigmacher schon erfunden war, gewiss aber war jetzt oder nie der Augenblick da, es zu erfinden und es auszusprechen.

Der Herr von la Piroche zuckte die Achseln und befahl dem Henker zu tun, was seines Amtes zu walten.

Letzterer schickte sich an, seine Leiter an dem Galgen hinanzusteigen, der, völlig unempfindlich, mit einem ausgestreckten Arm eine Seele von einem Leibe abzulösen im Begriff war. Zugleich versuchte es der Henker, den Verurteilten vor sich herzuschieben, damit derselbe vor ihm hinaufsteige, aber es war dies nichts Leichtes. Man kann sich kaum einen Begriff machen, wie ungern fast alle solche, welche zum Tode verurteilt sind, sterben und wie sehr sie sich sträuben.

Der Henker und der arme Sünder schienen sich mit Höflichkeiten zu überhäufen. Keiner wollte vorangehen.

Um nun den armen Sünder endlich auf die Leiter zu bringen, nahm der Henker wieder zu dem Mittel seine Zuflucht, das er angewandt, um ihn vom Esel herunterzubringen, das heißt, er packte ihn mitten um den Leib, stellte ihn auf die dritte Sprosse und fing an, ihn von unten nach oben zu schieben.

»Bravo!«, schrie die Menge.«

Jetzt musste der arme Teufel, mochte er wollen oder nicht, eben die Leiter hinansteigen.

Oben angekommen, warf der Henker die Schleife, welche das Ende des Strickes zierte, dem armen Sünder mit viel Gewandtheit über den Hals, gab demselben einen tüchtigen Fußtritt auf den Rücken und schleuderte ihn in den Raum hinaus, der stark der Ewigkeit glich.

Ein ungeheures Geschrei begrüßte diesen vorhergesehenen Ausgang, und zugleich ergriff die Menge ein Schauder. Ganz gleich, welches Verbrechen ein Mensch immer begangen haben mag, stets ist er im Augenblick des Todes einen Augenblick lang größer als die, welche ihn sterben sehen.

Zwei bis drei Minuten schwankte der Gehenkte, wie er durfte, am Ende seines Strickes hin und her, zuckte mit Beinen und Armen, krümmte sich hin und her, und blieb dann steif und unbeweglich.

Aus dem Z war wieder ein I geworden.

Man schaute den Gehenkten, dessen vergoldete Rüstung in der Sonne funkelte, noch einige Augenblicke an; dann verteilten sich die Zuschauer allmählich in Gruppen, und endlich suchten sie, über das Ereignis plaudernd, ihre Wohnungen wieder auf.

»Puh! Der garstige Tod!«, sprach der Bauernsohn, der mit seinem Vater wieder seines Weges zog.

»Meiner Treu! Gehenkt zu werden, weil man eine Rüstung nicht hat stehlen können, das ist doch teuer. Was meinst du dazu?«

»Was mich betrifft, so frage ich mich, was man ihm getan hätte, wenn es ihm gelungen wäre, die Rüstung wirklich zu stehlen.«

»Eh! Man hätte ihm gar nichts getan, denn hätte er die Rüstung wirklich gestohlen, so hätte er aus dem Schloss entfliehen können. In diesem Fall aber ist es höchst unwahrscheinlich, dass er wiedergekommen wäre, um sich festnehmen zu lassen.«

»Er wird also schwerer gestraft für ein Verbrechen, das er nicht begangen, als er gestraft worden wäre, wenn das Verbrechen von ihm wirklich verübt worden wäre.«

»Aber er hatte die Absicht, es zu begehen.«

»Und da die Absicht als vollendete Tatsache angesehen wird …«

»Vollkommen richtig.«

»Und dann heißt es auch: Du sollst dich nicht fangen lassen.«

»Abermals richtig«, lachte der andere.

»Immerhin aber ist es ein garstiges Schauspiel.«

Und da sie sich jetzt auf einer kleinen Anhöhe befanden, so wandten sich die beiden um, um sich die

Silhouette des Unglücklichen ein letztes Mal anzusehen.

Zwanzig Minuten darauf hatten sie den kleinen Flecken erreicht, wo sie, Gott verzeihe mir, Geld in Empfang nehmen, und den sie am Abend wieder verlassen sollten, um noch in der Nacht wieder zu Hause zu sein.

An dem darauf folgenden Tag verließen, sobald es graute, zwei Leibwächter das Schloss la Piroche, um den Leichnam vom Galgen herabzunehmen und die Rüstung ihres Herrn nach dem Schloss zurückzubringen; allein sie fanden etwas, worauf sie sich entfernt nicht gefasst gemacht hatten, das heißt, es waren zwar der Galgen und der Strick immer noch da, wer aber nicht mehr daran hing, das war der Gehenkte.

Die beiden Leibwächter rieben sich die Augen aus, da sie zu träumen wähnten; allein es war die Sache nur zu gewiss. Kein Gehenkter, mithin auch keine Rüstung mehr!

Und was noch weit außerordentlicher, das war, dass der Strick weder gebrochen noch abgeschnitten, sondern genau in dem Zustand war, in dem er sich befunden hatte, bevor er den armen Sünder aufgenommen.

Die beiden Leibwächter eilten nach dem Schloss zurück, um den Herrn von la Piroche das, was sie gesehen oder vielmehr nicht gesehen, zu melden. Er wollte ihnen nicht glauben und sich von der Sache selbst überzeugen. Er war ein so mächtiger, so gewaltiger Herr, dass er fest überzeugt war, es werde der Gehenkte ihm zuliebe wieder dort sein; aber er sah eben, was die anderen auch schon gesehen hatten.

Was war aus dem Toten geworden? Denn tags zuvor war doch der Verurteilte vor den Augen des ganzen Dorfes wirklich gestorben.

Hatte etwa ein anderer Dieb die Dunkelheit der Nacht genutzt, um sich der Rüstung zu bemächtigen, welche den Körper des Gehenkten bedeckte?

Vielleicht; aber offenbar hätte er, wenn er die Rüstung genommen, den Leichnam zurückgelassen, da dieser ihm vollkommen unnütz sein musste.

Hatten Freunde oder Verwandte dem Gehenkten ein christliches Begräbnis verschaffen wollen?

Darin lag nichts Unmögliches, nur hatte der Gehenkte weder Freunde noch Verwandte; und ferner hätten christlich gesinnte Leute nur allein den Leichnam genommen, die Rüstung aber zurückgelassen.

Auch das durfte man also nicht glauben.

Was musste man aber am Ende glauben? Das wusste niemand.

Was den Herrn von la Piroche betrifft, so war er trostlos. Er war um seine Rüstung geprellt. Er setzte eine Belohnung von zehn Goldtalern demjenigen aus, der ihm den Schuldigen, so bekleidet, wie er es beim Sterben gewesen, ausliefern würde.

Man durchsuchte weit und breit alle Häuser, fand aber nichts.

Ebenso wenig zeigte sich jemand.

Endlich ließ man aus der Stadt Rennes einen gelehrten Mann kommen, dem man die Frage vorlegte:

»Wie kann es ein Gehenkter, der schon tot ist, angreifen, um sich von dem Strick zu befreien, der ihn am Hals in der Luft schwebend erhält?«

Der gelehrte Mann verlangte eine Woche Bedenkzeit, nach der er sich dann so vernehmen ließ:

»Das kann er nicht.«

Dann stellte man die zweite Frage an ihn:

»Kann ein Dieb, der bei lebendigem Leibe nicht hat stehlen können und wegen Diebstahls zum Tode verurteilt worden – kann der nach seinem Tode stehlen?«

Der gelehrte Mann antwortete:

»Ja«.

Man fragte ihn, wie das sein könne, und er antwortete klüglich, er wisse es nicht.

Es war dieser Mann der größte Gelehrte jener Zeit.

Jetzt ließ man ihn wieder gehen und begnügte sich – denn damals gab es noch Hexen und Hexenmeister – mit dem Glauben, der Dieb sei wohl ein Hexenmeister gewesen.

Man ließ aber auch Messen lesen, um diesen bösen Geist zu beschwören, der ohne Zweifel an dem adeligen Herrn, welcher seinen Tod befohlen, sowie an denen sich noch rächte, welche herbeigeströmt waren, um ihn sterben zu sehen.

Es verstrich ein voller Monat unter fruchtlosen Nachforschungen.

Immer noch stand der Galgen gedemütigt, traurig, verachtet da. Noch nie hatte sich ein Galgen eines solchen Missbrauchs des Vertrauens schuldig gemacht. Der Herr von la Piroche fuhr fort, von Gott, Menschen und Teufel seine Rüstung zurückzuverlangen.

Nichts.

Endlich, als er ohne Zweifel schon anfing, das seltsame Ereignis geschehen sein zu lassen und sich über den Verlust zu trösten, der eine Folge desselben gewesen war, hörte er eines Morgens beim Erwachen einen großen Lärm auf dem Platz, wo die Hinrichtung stattgefunden hatte.

Schon schickte er sich an, sich nach der Ursache des Lärms zu erkundigen, als sein Kaplan zu ihm hereintrat.

»Gnädiger Herr«, hob der Geistliche an, »wisst Ihr auch, was geschieht?«

»Nein, aber ich will jemanden fragen.«

»Ich kann es Ihnen sagen, gnädiger Herr.«

»Nun, was ist es?«

»Ein Wunder Gottes!«

»Wirklich?«

»Der Gehenkte …«

»Was ist mit ihm?«

»Ist wieder da.«

»Wo?«

»Am Galgen.«

»Gehenkt?«

»Ja, gnädiger Herr!

»Samt seiner Rüstung?«

»Samt Eurer Rüstung.«

»Ganz richtig, sie gehört ja mir. Und ist er tot?«

»Vollkommen tot. Nur …«

»Nur was?«

»Hatte er, als man ihn henkte, Sporen an?«

»Nein.«

»Wohlan, gnädiger Herr, nun trägt er Sporen, und anstatt den Helm auf dem Kopf zu haben, hat er ihn sorgfältig unten an den Galgen gestellt und hängt also mit bloßem Kopf da.«

»Gehen wir ihn uns ansehen, Herr Kaplan, gehen wir ihn uns schnell ansehen.«

Und der Herr von la Piroche eilte nach dem von Neugierigen angefüllten Platz. Der Hals des Gehenkten stak wieder in der Schlinge, und am Hals hing wirklich der Körper, und am Körper hing wirklich die Rüstung.

Das war wunderbar, unbegreiflich. Darum sprach man denn auch von der Sache allgemein als von einem Wunder.

»Er hat Reue empfunden und hat sich selbst wieder gehenkt«, sprach der eine.

»Bah! Er ist immer da gewesen«, meinte der andere, »nur haben wir ihn nicht gesehen.«

»Aber warum hat er denn Sporen an?«, fragte ein Dritter.

»Ohne Zweifel deshalb, weil er von weit hergekommen ist und schnell zurückkehren wollte.«

»Was mich betrifft, so weiß ich gewiss, dass ich, nah oder fern, keine Sporen anzulegen gebraucht hätte, weil es mir nie eingefallen wäre, zurückzukommen.«

Und man lachte und schaute das hässlich grinsende Gesicht des Toten an.

Was den Herrn von la Piroche betrifft, so war er einzig und allein darauf bedacht, sich vom Tod des Diebes zu versichern und seine Rüstung wiederzubekommen.

Man machte den Leichnam los und nahm die Rüstung von demselben hinweg; dann henkte man ihn wieder auf, woraufhin die Raben ihre Arbeit begannen, und zwar so meisterhaft, dass er schon nach zwei Tagen ganz zerhackt war, nach acht Tagen ganz unförmig aussah, nach vierzehn aber gar nichts mehr gleich sah; denn wenn er überhaupt noch etwas glich, so glich er einzig und allein jenen unmöglichen Gehenkten, die wir, als wir noch in die Schule gingen, auf die erste Seite unserer Klassenbücher zu zeichnen und unter welche wir nachstehenden amphibischen[1], halb lateinischen, halb französischen, vierzeiligen Vers zu schreiben pflegten:

Aspice[2] den Gehenkten hier
Qui hunc librum[3] stahle mir,

---

[1] Gemeint ist hier etwa »zwei in einem« oder »sowohl als auch«, nur in attributiver und metaphorischer Verwendung. Die für die Metapher herangezogenen Amphibien leben sowohl an Land als auch im Wasser.

[2] Sieh, schau.

[3] Welcher dieses Buch.

Si hune librum reddidisset,[1]
Dann gehenkt er *non fuisset.*[2]

Was hatte aber dieser Gehenkte während des ganzen Monats, den er gefehlt, getan? Wie kam es, dass er, einmal gehenkt, geflohen war, und dass er, einmal geflohen, sich wieder gehenkt hatte?

Wir wollen die drei Meinungen, die wir darüber gehört, unseren Lesern hier mitteilen.

Ein Zauberer, aus der Schule Merlins[3], erklärte, dass der arme Sünder, wenn er im Augenblick des Todes den Willen gehabt zu verschwinden, und wenn er seinen Leib in seinem Willen habe aufgehen lassen, dieser Leib, da der Wille ein immaterielles, unsichtbares, ungreifbares Ding sei, eben dadurch absorbiert, mithin darin versteckt, mithin auch ungreifbar, immateriell und unsichtbar werde, und sei nach Verfluss von einem Monat der Leib des Diebes wieder am Ende des Strickes gewesen, so komme dies daher, dass jetzt, in diesem letzten Augenblick, sein Wille, durch die Furcht verwirrt, nicht die zu einer ewigen Absorption nötige Kraft gehabt habe.

Vielleicht dass diese Meinung nicht eben die beste ist, immerhin aber ist es eine.

Ihrerseits behaupteten die Theologen, es sei dem

[1] Wenn dieses Buch zurückgekehrt wäre.

[2] Nicht wäre.

[3] Ein Zauberer in der altwalisischen und später auch englischen Sagenwelt. Seine Gestalt wurde mit König Arthus' Tafelrunde verknüpft und ging so in die Poesie anderer mittelalterlicher Völker über.

armen Sünder gelungen zu entrinnen; er sei aber von Gewissensbissen dermaßen gepeinigt gewesen und habe einen solchen Drang in sich verspürt, mit Gott sich wieder zu versöhnen, dass er das Leben nur einen Monat lang habe ertragen können und reuevoll sich selbst die Strafe angetan, der er beim ersten Male entronnen.

Vielleicht dass dies nicht ganz die Wahrheit ist, immerhin aber ist es ein christlicher Grund, und als Christ können und mögen wir ihn nicht ganz und gar verwerfen.

Endlich erzählte man sich noch, es hätten unsere zwei Bauern, als sie am Abend auf dem Heimweg am Galgen vorübergekommen, ein eigentümliches Stöhnen, ein Röcheln und etwas, das fast wie ein Gebet geklungen, gehört; fromm hätten sie sich dann bekreuzigt und gefragt, was das wäre; sie hätten aber keine Antwort erhalten, und als sie dem Gestöhn noch länger gehorcht, da hätte es ihnen geschienen, als käme dasselbe von dem über ihren Köpfen hängenden Leichnam her. Dann hätten sie die Leiter genommen, welche der Henker unten am Galgen gelassen, und dieselbe an den Arm des Galgens angelehnt; der Sohn aber wäre zum Gehenkten hinaufgestiegen und hätte zu ihm gesprochen:

»Seid Ihr es, armer Mann, der dieses Gestöhn hören lässt?«

Der Gehenkte aber hätte seine letzte Kraft zusammengenommen und gesprochen:

»Ja.«

»Ihr lebt also noch?«

»Ja.«

»Ihr bereut Euer Verbrechen?«

»Ja, das tue ich.«

»Nun, so will ich Euch befreien, und da das Evangelium den Menschen vorschreibt, denjenigen zu helfen, welche da leiden, und da Ihr leidet, so will ich Euch helfen und Euch leben lassen, damit Ihr Euch bekehren könnet. Gott ist eine reuige Seele lieber als ein büßender Leib.«

Nun hätten Vater und Sohn den Sterbenden freigemacht und begriffen, warum derselbe noch nicht verendet. Der Strick hatte, anstatt den Hals des Diebes zu drücken, den untersten Teil des Helms umschlossen, sodass der arme Sünder wohl gehenkt, nicht aber erwürgt worden, sowie dass es ihm, indem er mit seinem Kopf im Helm selbst eine Art Stützpunkt gewonnen, gelungen wäre, bis zu dem Augenblick, wo unsere zwei Reisegenossen vorübergekommen, noch zu atmen und zu leben.

Unsere beiden Bekannten hätten ihn also losgemacht und mitgenommen. Zu Hause angekommen, hätten sie ihn der Pflege der Mutter und deren junger Tochter anvertraut.

Wenn aber einer einmal gestohlen, so wäre darauf zu wetten, dass er wieder stehle.

Nun wären bei dem Bauer nur zwei Dinge zu stehlen gewesen, da das Geld, welches er mitgebracht, ihm nicht gehört hätte. Diese zwei Dinge wären sein Pferd und seine Tochter, eine blonde, sechzehnjährige Jungfrau, gewesen.

Der Ex-Gehenkte wäre zu dem Entschluss gekommen, diese beiden Dinge in sein Eigentum zu verwandeln, denn es hätte ihn nach dem Pferd gelüstet und er hätte sich in das Mädchen verliebt.

Eines Abends also hätte er das Pferd gesattelt, sich Sporen angeschnallt, um mit dem Pferd rascher vom Fleck zu kommen, und das Mädchen in ihrem Schlaf wegtragen wollen, um damit davonzureiten.

Das Mädchen aber wäre darüber aufgewacht und hätte geschrien.

Jetzt wären Vater und Sohn herbeigeeilt. Der Dieb hätte Anstalt zur Flucht gemacht, aber es wäre zu spät gewesen. Das Mädchen hätte das Unterfangen des Gehenkten erzählt, und da ihr Vater und ihr Bruder eingesehen hätten, dass von einem solchen Menschen keine Reue zu erwarten wäre, so hätten sie beschlossen, sich selbst Recht zu verschaffen, nur besser, als dem Herrn von la Piroche es gelungen. Sie hätten den Dieb an das Pferd gebunden, das er selbst für sich gesattelt, hätten ihn auf den Platz von la Piroche geschleppt und da gehenkt, wo sie ihn gehenkt gefunden; doch hätten sie seinen Helm auf den Boden gestellt, um ja recht gewiss zu sein, dass er diesmal nicht davonkommen würde, worauf sie in aller Ruhe wieder heimgeritten wären.

Dies die dritte Meinung. Ich weiß nicht, warum es

mich bedünkt, es sei dieselbe die wahrscheinlichste und es werde der geneigte Leser, gleich mir, gut daran tun, wenn er sie den beiden andern vorziehe.

Was nun den Herrn von la Piroche betrifft, so zog er, da er nun einen untrüglichen Talisman besaß, voller Freude in den Krieg, wo er unter allen zuerst getötet wurde.

Wie der Vater, so der Sohn

Ein kurzes Nachwort des Herausgebers

Der Autor der hier nach sehr langer Zeit wieder in deutscher Sprache aufgelegten Novelle ist Alexandre Dumas (1824–1895), der uneheliche Sohn des gleichnamigen Schriftstellers (1802–1870) der *Drei Musketiere* und des *Grafen von Monte Christo*, an dessen Namen man, zur besseren Unterscheidung, üblicherweise die Bezeichnungen *fils* (Sohn) oder auch d.J. (der Jüngere) anhängt. Wie schon sein Vater, schrieb auch der jüngere Dumas zahlreiche Theaterstücke, Gedichte, Romane und Novellen, meist zeitgenössische Gesellschaftsstücke, aber auch einige historische Abenteuergeschichten, die den Vergleich zum mehrere hundert Werke umfassenden Œuvre des älteren Dumas nicht zu scheuen brauchen. Besonders sein 1848 erschienener Roman *Die Kameliendame* (La dame aux camélias) gilt noch heute als zeitloser Bestseller und wird weltweit immer wieder neu aufgelegt und wurde auch mehrfach verfilmt. Auch im deutschen Sprachraum wurde das Buch gleich mehrmals übersetzt und ist, im Gegensatz zu seinen anderen, hierzulande weitgehend vergessenen Werken, noch immer im Buchhandel präsent.

Der jüngere Dumas war das Ergebnis einer Liaison seines Vaters mit einer fast zehn Jahre älteren Schneiderin namens Marie-Laure-Catherine Labay (1894–1868). Während der Junge die ersten sieben Jahre bei seiner Mutter aufwuchs, entschied sich der ältere Dumas 1831 dazu, dessen Vaterschaft anzuerkennen, was ihm nach damaligem Recht erlaubte, der Mutter das Kind weg- und bei sich aufzunehmen. Ein Vorgang, der sowohl die Mutter als auch das Kind schwer verletzte und wohl den Ausschlag dafür gab, dass der jüngere Dumas in seinem späteren Werk oft weibliche Charaktere mit tragischem Schicksal in den Mittelpunkt der Handlung stellte.

Nichtdestotrotz sorgte sein Vater dafür, ihm den Weg zu einer blendenden Zukunft zu ebnen, und schickte ihn auf das *Collège royal de Bourbon*, einer der damals renommiertesten und besten Bildungseinrichtungen in Frankreich.

Nach seinem Abschluss führte er, von seinem Vater großzügig subventioniert, das ausschweifende Leben eines Pariser Dandys. 1844 entschloss er sich, sich in Saint-Germain-en-Laye bei Paris in der Nähe seines Vaters niederzulassen, wo er im September des gleichen Jahres eine Affäre mit der damals sehr bekannten Kurtisane Marie Duplessis einging, die fast ein Jahr andauerte und auf den jüngeren Dumas nachhaltigen Eindruck ausübte.

Nach ihrem frühen Tod, sie starb am 3. Februar 1847 im Alter von nur 23 Jahren an Tuberkulose, inspirierte diese Romanze Dumas zu seinem Roman *Die Kameliendame*, mit dem er schlagartig berühmt wurde. Er selbst schlüpfte dabei im Buch in die Rolle des Armand Duval und die Duplessis in die Rolle der Marguerite Gautier. Durch den phänomenalen Erfolg gerade dieses Romans angeregt, entschloss sich Dumas, den Stoff auch zu dramatisieren und damit als Bühnenstück zugänglich zu machen. Nach längeren Querelen mit der französischen Zensur wurde das Stück am 2. Februar 1852 am Pariser Théâtre du Vaudeville uraufgeführt und ein noch größerer Erfolg als der Roman.

Von da an galt der junge Dumas als ein schriftstellerisches Talent, dass den Vergleich mit seinem Vater nicht zu scheuen brauchte. Dabei war sein erster Versuch, sich als Autor zu etablieren, nur wenig verheißungsvoll ausgefallen.

Er veröffentlichte bereits im Jahr 1847 einen recht umfangreichen Gedichtband mit dem Titel *Péchés de jeunesse*, der nur auf wenig Interesse bei den Lesern stieß. Sich dadurch aber nicht entmutigen lassend, folgte noch im selben Jahr der bisher anscheinend noch nicht ins Deutsche übersetzte Roman *Aventures de quatre femmes et d'un perroquet*[1], der die Leser mehr

[1] In einigen deutschsprachigen Publikationen wird fälschlicherweise der Originaltitel folgendermaßen angegeben: *Histoire de quatre femmes et d'un perroquet*. Dieser Fehler geht möglicherweise auf den Lexikoneintrag in *Meyers Großes Konversations-Lexikon*, Band 5, Leipzig 1906, S. 263–265 zurück.

anzog und ihm einen ersten kleinen Achtungserfolg bescherte.

In den Folgejahren veröffentlichte er viele weitere Romane und Novellen wie *Césarine* (1848), *La dame aux camélias* (1848), *Le roman d'une femme* (1849), *Le docteur Servans* (1849), *Antonine* (1849), *Tristan le Roux* (1849), *Henri de Navarre* (1850), *Trois hommes forts* (1851), *Les Deux Frondes* (1851), *Diane de Lys* (1851), *Les Revenants* (1852), *Le Régent Mustel* (1852), *Sophie Printemps* (1853), *La Dame aux perles* (1853), *La boîte d'argent* (1855), *Vie à vingt ans* (1856), *Le fils naturel* (1858), *Père prodigu* (1859), *L'ami des femmes* (1864), *Le supplice d'une femme* (1865), *L'Affaire Clemenceau, Mémoire de l'accusé* (1866), *Les idées de Madame Aubray* (1867), *Une visite de noces* (1871), *La princesse Georges* (1871), *La femme de Claude* (1873), *Monsieur Alphonse* (1873) und *L'étrangère* (1877) sowie zahlreiche Theaterstücke. Damit avancierte er zu einem der etabliertesten und erfolgreichsten Schriftsteller Frankreichs.

Häufig sind es Frauen, die im Mittelpunkt seiner Handlungen stehen, welche er, von einigen wenigen Ausnahmen abgesehen, zumeist im Frankreich des 19. Jahrhunderts ansiedelt hat. Dabei handelt es sich zumeist um Gesellschaftsstücke, die er in der Pariser Halbwelt *(Demi monde)* spielen lässt. Besonders seine 1855 veröffentlichte Komödie *Le Demi-monde* prägte die Bezeichnung für eine ganz besondere Schicht an Menschen, die 1906 in *Meyers Großes Konversations-*

Lexikon recht passend folgendermaßen definiert wurde:

> Demimonde (franz., spr. dömi-móngd'), »Halbwelt«, eine durch das gleichnamige Drama des jüngern Dumas (1855) in Aufnahme gekommene Bezeichnung für die in Großstädten (namentlich Paris) stark vertretene Klasse von Abenteurern höherer Gattung, die im Äußern Sitten und Lebensweise der vornehmen Gesellschaft *(grand monde)* nachzuahmen sucht; insbes. für anrüchige und zweifelhafte, aber äußerlich in aller Eleganz auftretende Frauenzimmer.[1]

Viele der Werke des jüngeres Dumas wurden zeitnah auch ins Deutsche übersetzt, werden aber hierzulande heute kaum noch verlegt.
Zu Unrecht, wie der Autor dieser Zeilen und der Herausgeber des vorliegenden Büchleins findet, weshalb er sich dazu entschlossen hat, den Versuch zu wagen, dem Leser eine seiner Novellen jenseits der *Kameliendame* vorzustellen und diese als den neunten Band in der Reihe der *Kleinen Dornbrunnen Bibliothek* aufzunehmen.

Dabei handelt es sich um eine Erzählung in historischem Gewand, die mit den Mitteln der damals recht populären Schauergeschichten im Stil eines E. T. A.

[1] *Meyers Großes Konversations-Lexikon,* Band 4, Leipzig 1906, S. 628

Hoffmanns arbeitet, ohne aber wirklich eine solche zu sein.

In einem recht charmanten und teils humorvollen Plauderton erzählt der Autor ein Ereignis, welches mit dem Diebstahl einer Rüstung beginnt, bei der sich der Dieb allerdings so dumm anstellt, dass er gestellt werden kann und zum Tode verurteilt wird. Nach der Hinrichtung, mit der die kurze Novelle einsetzt, verschwindet allerdings die vermeintliche Leiche des Räubers über Nacht, um dann, nach mehreren Tagen, wieder am Galgen hängend aufzutauchen.

Dabei griff der Autor vermutlich auf eine Legende zurück, die so oder so ähnlich in verschiedenen Regionen erzählt wurde, weshalb in mehreren deutschen Zeitungsveröffentlichungen aus dem Jahr 1876 steht:

> Die Grundidee dieser Plauderei ist eine jener wandernden Schnurren, die von Zeit zu Zeit immer wieder und in immer neuer Gestalt bald hier, bald dort auftauchen. Die Behandlung des Stoffes durch Alexander Dumas wird aber gewiß keinen unserer Leser langweilen. – (D. Red.)[1]

Die Novelle selbst erschien bereits 1853, zusammen mit einigen weiteren Texten, unter dem Originaltitel *Le Pendu de la Piroche* in dem Band *Contes et nouvelles* und wurde spätestens 1858 auch im deutschen Sprach-

1 So z. B. in: *Nordböhmischer Familien-Freund. Belletristische Beilage zur Rumburger Zeitung*, 6. September 1876 und *Böhm*[isch]-*Kamnitzer Anzeiger*, 21. Oktober 1876

raum veröffentlicht. Später fand die Geschichte, in gekürzter Form, auch noch Aufnahme im Feuilleton zahlreicher Zeitungen und Zeitschriften. Die hier abgedruckte Fassung folgt der 1858 in der Franckh'schen Verlagsbuchhandlung in Stuttgart herausgegebenen Übersetzung von Dr. Ch. Fr. Grieb, die behutsam an wenigen Stellen dem modernen Sprachgebrauch angepasst wurde, ohne den Charakter des alten Textes zu verleugnen. Des Weiteren wurde der Text den derzeit gültigen Rechtschreib- und Grammatikregeln angepasst.

Ich hoffe, dass der Text auch heute noch mit viel Vergnügen zu genießen ist und die Neugier der Leser auf weitere Werke des jüngeren Alexandre Dumas weckt.

In gleicher Ausstattung sind die folgenden Bände erschienen oder befinden sich in der Vorbereitung:

Kleine Dornbrunnen Bibliothek

In der Reihe Kleine Dornbrunnen Bibliothek erscheinen Werke der klassischen Unterhaltungsliteratur, die seit vielen Jahrzehnten nicht mehr oder noch niemals in deutscher Sprache verlegt worden sind.

1. *Jules Verne*
Pierre-Jean
Eine Erzählung

2. *Alexandre Dumas*
Der Pfarrer Chambard
Eine Kriminalgeschichte

3. *Hippolyt Tauschinsky*
Neues vom Doktor Ox
Drei elektrische Geschichten

4. *Emilio Salgari*
Die Wilden von Papua
Zwei Seemannserzählungen

5. *Sir John Retcliffe* (H. Goedsche)
Maria, der Ägypterin Liebes- und Bussfahrten
Eine Novelle und zwei Gedichte

6. *Karl May*
Nach Sibirien
Eine Kriminalgeschichte

7. *Edgar Wallace*
Auf der Strasse nach Witney
Zwei weihnachtliche Kriminalgeschichten

8. *Paul Grabein*
Der Vampir
Eine Erinnerung

9. *Alexandre Dumas* (Sohn)
Der Gehenkte von la Piroche
Eine sonderbare Geschichte

– Weitere Bände in Vorbereitung –

Im gleichen Verlag in der Buchreihe:

Taschenschmöker aus Vergangenheit und Gegenwart

In der Reihe Taschenschmöker aus Vergangenheit und Gegenwart erscheinen Werke der klassischen Unterhaltungsliteratur, die seit vielen Jahrzehnten nicht mehr oder noch niemals in deutscher Sprache verlegt worden sind.

1. *Jules Verne / Michel Verne*
   Der Humbug
   Vier Erzählungen
2. *Alexandre Dumas*
   Eine Amazone
   Zwei Novellen
3. *Gustave Aimard*
   Eine mexikanische Rache
   Eine Erzählung aus dem wilden Mexiko
4. *Jules Verne*
   Der Weg nach Frankreich
   Historischer Roman
5. *Friedrich J. Pajeken*
   In Sturm und Not
   Eine Erzählung aus dem Wilden Westen
6. *Jules Verne*
   Der Graf von Chanteleine
   Eine Episode aus der Revolutionszeit
7. *Anthologie*
   Ein Drama in den Lüften
   Erzählungen aus luftigen Höhen
8. *Alexandre Dumas*
   El Salteador
   Ein Roman aus der Zeit Karls V.
9. *Emilio Salgari*
   In der Eiswüste
   Erzählungen aus arktischen Regionen
10. *Sir John Retcliffe*
    Das tote Haus
    Eine Novelle aus Düsseldorfs Vorzeit
11. *Gustave Aimard*
    Der Löwe der Wildnis
    Zwei Erzähl. aus dem wilden Mexiko
12. *Sir John Retcliffe*
    Der letzte Wäringer
    Novelle a. d. letzten Tagen Konstantinopels
13. *Emilio Salgari*
    Die Rose vom Dong-Giang
    Eine abenteuerliche Novelle aus Cochinchina
14. *François-Édouard Raynal*
    Die Schiffbrüchigen
    Zwanzig Monate auf den Aucklandinseln
15. *Alexandre Dumas*
    Die Taube
    Ein Briefroman
16. *Edgar Wallace*
    Der Geist von Down Hill
    Zwei Kriminalkurzromane
17. *Sir John Retcliffe*
    Nach Cayenne!
    Eine historisch-politische Novelle
18. *Philip Francis Nowlan*
    Armageddon 2419
    Eine Science-Fiction-Erzählung
19. *Jules Verne*
    Ein Lotterielos
    Eine norwegische Geschichte
20. *Max Eschner*
    An der Pazifikbahn
    Eine Erzählung aus dem Wilden Westen
21. *Alexandre Dumas*
    Ein Maskenball
    Vier Novellen
22. *Max Eschner*
    Das Zaubergewehr
    Zwei Erzählungen aus dem Wilden Westen
23. *Henry Rider Haggard*
    Smith und die Pharaonen
    Zwei fantastische Erzählungen
24. *Anthologie*
    In Eis und Schnee
    Eisige Erzählungen
25. *Emilio Salgari*
    Der Schatz des Präsidenten
    Eine Erzählung aus der argentinischen Pampa
26. *Jules Verne / Michel Verne*
    Die Welt der Messieurs Verne
    Biografische und wissenschaftliche Plaudereien
27. *André Laurie / Jules Verne*
    Der Findling von der Cynthia
    Ein Roman
28. *Jules Verne*
    San Carlos
    Zwei Schmugglergeschichten
29. *Anthologie*
    Nachrichten vom Mars
    Eine Anthologie von Mars-Geschichten
30. *Anthologie*
    Im Glanz des Mondes
    Eine Anthologie von lunaren Geschichten
31. *Jules Verne*
    Die Eroberung Roms
    Eine historische Erzählung
32. *Alexandre Dumas*
    Pauline
    Ein Roman

– Weitere Bände in Vorbereitung –